Hubert TASSIN

LA MÉDITATION

Hubert TASSIN

LA MÉDITATION

Guide pratique développement personnel

Éditions Vie

Imprint

Cover image: www.ingimage.com

Publisher:
Éditions Vie
is a trademark of
Dodo Books Indian Ocean Ltd. and OmniScriptum S.R.L publishing group

120 High Road, East Finchley, London, N2 9ED, United Kingdom
Str. Armeneasca 28/1, office 1, Chisinau MD-2012, Republic of Moldova, Europe
Printed at: see last page
ISBN: 978-613-9-59392-7

INTRODUCTION

Bienvenue dans cette aventure qui vous apportera bien-être, confiance, courage,force mental, éveil de la conscience.

Comme vous sûrement, je n'aime pas perdre mon temps à lire des dizaines depages, avant de passer aux choses sérieuses.

Mais il est très important que je vous donne quelques conseils et explications avant toute chose. Sachez que j'ai vécu des moments difficiles au cours de ma vie, ces techniques de méditations et ces méthodes à appliquer dans votre vie, je l'ai pratiqué moi aussi, d'autres sont mes propres recherches et expériences. J'ai été sauvée grâce à ça, aujourd'hui après plusieurs réflexions, j'ai décidé de publier un livre et partager avec vous toutes cette merveille qui vous apportera une très grande aide.

Ne surtout pas sous-estime ces méthodes, car ils sont puissants et efficaces. Appliquer ces exercices et les différentes méditations.

Ne cédez jamais à la paresse, c'est le piège à éviter absolument. La répétition d'un geste crée une meilleure compréhension et ouvre une connaissance inévitablement, après plusieurs échecs on finit par comprendre ce qui n'allait pas. Vous êtes un gagnant où une gagnante, qui n'abandonnera pas. Donc ne vous découragez jamais, reportez les si vous voulez, mais ne surtout pas abandonné. Vous êtes maître de votre vie et des décisions que vous prenez.

Vous serez toujours seul sachez-le, personnes ne peut vous apporter plus quevous-même, Oui les conseils sont utiles, le soutien des proches sont utiles, mais vous seul avez la clé d'être enfin maître.

Je tiens aussi à préciser que, je vais me répéter quelques fois sur certains sujets, il y aura des phrases répétitives par soucis d'être juste bien compriset de vous apporter une forte motivation.

Mes excuses d'avance pour les plus sensibles.

Pour toutes autres questions liées à ce livre :

Mail : libuluezangasuka@yahoo.com

Instagram : Cherizo99

SOMAIRE

Chapitre 1 : Explications sur la pratique de méditation.

Chapitre 2 : Méditation apaisement mental.

Chapitre 3 : Le lâcher prise et des exercices mentaux.

Chapitre 4 : La visualisation et exercices.

Chapitre 5 : Méditation bien-être et maîtrise de soi.

Chapitre 6 : Méditation maîtrisée sa destinée.

Chapitre 7 : La loi du KARMA, exercices de force mentale, maîtrisée les autres, méditation.

Chapitre 8 : Lucidité des rêves et vivre le présent.Chapitre 9 : Méditations et exercices mentales.

Chapitre 10 : L'origine de la peur et exercices pour la contrôler.

CHAPITRE 1

Ce chapitre est pour tous ceux qui n'ont jamais pratiqué la méditation, je vais expliquer le déroulement de cette pratique.

La respiration est la base, cela vous permet d'être apaisé, à contrôler vos émotions et modifiera votre conscience.

N'ayez pas peur des mots, car la modification de la conscience dont je parle dans cette aventure, n'est pas dangereuse.

Dans un langage commun, je dirais plutôt une ouverture d'esprit de votre conscience, plus apte à recevoir, ou à être reprogrammé selon ce que vous désiriez. Sachez et n'oubliez jamais que vous êtes maître de votre vie et personnes n'a le pouvoir de manipuler votre conscience sans votre consentement.

Donc ne cédez jamais à la peur. Ne vous inquiétez pas, il y a aussi des méthodes pour vaincre la peur que nous verrons plus tard.

La respiration se fera ainsi :

Inspiration et expiration du souffle.

Pour les débutants et débutantes, vous allez fixer un point devant vous où tout simplement fixé votre attention devant vous, sans ramener votre regard à gauche ou à droite. Aucun bruit ne doit vous distraire, éteindre la télé, radio, téléphone où autres appareils qui peuvent vous distraire, fenêtres fermées, etc.Lumière tamisée, donc de type lampe de chevet où une lumière moins intense.

C'est important parce qu'une lumière trop éclairée, va vous perturber pendant la méditation, et vous empêche d'être en état alpha, c'est-à-dire un état d'endormissement conscient, voilà pourquoi une ambiance agréable est nécessaire et recommandée, lumière tamisée.

Cela se passe ainsi pour la respiration de préparation.

Les yeux ouverts inspirés profondément et lentement par le nez en gonflant vos poumons où le remplir d'air si vous voulez, ensuite expiré profondément et lentement par la bouche sans pour autant ouvrir grandement votre bouche. Laissezjuste passer l'air à travers vos lèvres pour l'expiration, jusqu'au bout, vous sentez votre ventre se vider d'air.

Faites cette préparation respiratoire 3 fois, inspiration par le nez et expiration par la bouche, ensuite vous fermez les yeux.

Une fois les yeux fermés, votre respiration se fera uniquement maintenant par lenez, fini la phase préparatoire ou la bouche restait ouverte pour expirer.

La respiration par la bouche, c'était pour habituer le corps à la pratique de respiration.

Voilà ! Les yeux fermés inspirés profondément et lentement par le nez et expiré profondément et lentement par le nez aussi. Votre respiration doit être naturelle, ne modifié rien, ne cherchez pas non plus à la contrôler, juste une respiration profonde et lente.

Quelques conseils, évitez de trop manger avant une séance de méditation.

Si vous avez sommeil où trop fatiguée, reportez la séance pour plus tard, allez-vous soulager avant une séance si besoin, bref tout ce qui peut vous distraire pendant votre séance de méditation, faites ça avant.

Ainsi pendant la séance votre attention se focalisera sur ce que vous faites maintenant et ici. Rien ne doit vous déranger, vous devez être dans un état de calme mental.

Que vos choix reflètent vos espoirs et non vos peurs.

CHAPITRE 2

Nous allons passer à la première pratique de méditation pour contrôler ces émotions, le stress, l'angoisse.

Avant même de passer à d'autres pratiques, vous devez maîtriser cette méditation de calme mental, sans cela vous ne pourrez rien maîtriser après, c'est absolument important de commencer par pratiqué et maîtriser cette première méthode de méditation. Ensuite pour d'autres méditations ou exercices, vous pouvez passer directement sur des pratiques qui vous intéresse le plus, par rapport à vos besoins.

L'émotion pendant ces pratiques doit être maîtrisées et croyez-moi pour l'avoir pratiqué, cette méditation est puissante et efficaces.

Ça l'air de rien, mais appliquer chaque jour et vous verrez un changement réel sur votre état émotionnel.

Je vous le répète, vous seul avez le pouvoir de changer les choses, ne cédez pas à la paresse non et non !

Vous pouvez demander de l'aide, mais sans votre propre courage et détermination, vous ne verrez aucun changement dans votre vie.
Nous avons tous des aptitudes de dépassement de soi, il faut juste les activer, vouloir c'est pouvoir. Le corps humain a une faculté extraordinaire d'adaptation, vous êtes celui qui doit prendre le contrôle.

Voici la première pratique...

MÉDITATION APAISEMENT MENTAL

Cet exercice est à pratiquer chaque jour, durant 15 minutes environ.

Asseyez-vous sur une chaise, la colonne vertébrale bien droite, vos mains à plat sur les genoux et fermez les yeux.

Dans cette position, concentrez-vous uniquement sur votre respiration, lente et profonde, inspiré et expiré par le nez, sans chercher à la contrôler, Respirez naturellement.

Vous l'observez passivement, un point c'est tout.

Pour tout le reste lâche prise. C'est-à-dire, ne cherchez pas à fuir où à vouloir changer vos pensées négatives comme positives. Ne vous identifiez pas non plus à ces pensées, observez-les et accepter leurs présences. Attirer juste votre attention sur votre respiration et garder le même rythme.

Votre corps ne doit plus avoir des pressions ni des tensions musculaires, les jambes détendues, vos bras détendues, votre dos détendus, le cou détendus. Des pensées parasites inévitablement vous viennent durant cet exercice, ne cherchez pas à les chasser je le répète, laissez aller et venir ces pensées, rien n'est réel, ce ne sont que des pensées même si les émotions montent, le cœur bat vite, l'angoisse, la peur, ne cédez pas, rien n'est réel. Ramenez simplement votre attention sur la respiration, et petit à petit les pensées-parasites baisseront d'intensité et disparaîtront d'elles-mêmes.

Au bout d'une dizaine de minutes de cette pratique, vous atteindrez un état de calme et de paix profonde. Oui parce que c'est vous le maître. Un demi-sourire

peut même apparaître spontanément sur votre visage, c'est bon signe. Maintenez cet état de calme et de paix durant le restant de l'exercice. Fin
Pratiqué cet exercice chaque jour, pendant vos temps libres. Il n'y a pas d'heure précise, tout dépend de vos activités où occupations.

Moi, personnellement je pratique cette méditation chaque soir, ça me permet d'évacuer tout le stress de nos vies moderne, vider l'esprit des mauvaises pensées, quelques minutes ou heures avant de me coucher, ça permet à l'esprit de se régénérer paisiblement pendant le sommeil.

Un esprit vide ne s'adonne pas à l'illusion, Parce que le vide, le néant correspond à la plénitude de la divinité, il n'y a pas plus infini que le néant.

C'est à cause du vide que les choses existent et, du fait même que les choses existent, il doit y avoir le vide.

Pendant le sommeil nos rêves reflètent ce que nous sommes. Notre inconscient emmagasine tout, voilà pourquoi nos rêves ressemblent souvent à nos habitudes de tous les jours, même si ce n'est pas exactement comme dans notre monde matériel.

Vous pouvez influencer des situations plus agréables où moins terrifiante pendant cette phase de rêve. La réalité extérieure est toujours le reflet de la réalité intérieure. Nous percevons le monde des rêves à travers nos croyances et c'est ainsi que notre esprit construit sa propre réalité pendant la phase du sommeil, c'est-à-dire sa propre vision du monde.

Vous pouvez grâce à des exercices, et à la méditation influer sur ce monde onirique.

Il y a prochainement des exercices pour vous aider à influencer vos rêves. Le temps de guérir les blessures est venu.
Le moment de faire des choix est arrivé.

C'est maintenant le temps de bâtir votre nouvelle vie qui s'ouvre devant vous.

CHAPITRE 3

Nous venons de voir comment apaiser son mental et je vous ai parlé du lâcher prise.

Avoir la connaissance sans la pratique, le changement est juste impossible.

Une vision qui ne s'accompagne pas d'actions n'est qu'un rêve et une action qui ne découle pas d'une vision, c'est du temps perdu.

Mais par contre une vision suivie d'action peut changer le monde.

Le lâcher prise, c'est accepter ! Oui il faut accepter ce que l'on ne peut pas modifier, bien évidemment dit comme ça vous vous posez la question, mais comment faire pour développer cette aptitude. Avant tout sachez que notre cerveau est construit pour créer sans cesse, donc forcément nous aurons toujours des pensées ininterrompues qui embouteille notre mental. Comme toutes choses dès lors qu'on accepte, on se sent bien.

Quand vous avez des pensées parasites, concentrez-vous sur votre respiration et votre rythme cardiaque, attiré votre attention sur les battements du cœur, le ventre qui gonfle et se vide d'air, peu à peu les pensées baisseront d'intensité.

Faites quelques exercices dès que vous avez un moment pour habituer votre mental à ignorer ces pensées parasites.

Exemple :

Avant de vous coucher faire mentalement un choix vestimentaire pour le lendemain, une fois que ce choix est clair, vous pouvez à présent dormir.

Le matin au réveil dès que votre attention se focalisera sur votre tenue vestimentaire, vous aurez des pensées qui vous pousseront à changer d'avis, ne faites pas attention, respecter juste votre décision de la veille.

Ne chassaient pas ces pensées acceptées les, vous avez déjà fait un choix vestimentaire avant de vous coucher, alors le reste n'a aucun pouvoir sur vous, tenez bon sur votre choix, c'est tout.

Si jamais vous avez cédé et changer d'avis et bien le changement sera juste impossible. Parce que vous aurez démontré que vous n'êtes pas maître.
Nous faisons très souvent des films d'horreur mentalement, et nous prenons ces pensées parasites pour une réalité ! Et pourtant rien absolument rien ne se passera comme nous l'avons imaginé, ce ne sont que des pensées rien de réel.
Mais vue que notre cerveau y croit à ces pensées parasites, nous sommes soudains angoissé, stressé et nous cédons. Contrôler tout simplement vos émotions dès que cette situation se présente, ne cherchez pas à chasser vos pensées parasites non
! Ça ne servira à rien. Attiré juste votre attention sur la respiration ou votre rythme cardiaque et vos émotions baisseront. Parce que votre attention se focalisera sur autre chose que ces pensées.

Concernant l'angoisse où le stress, il y a plusieurs méthodes que j'appliquais dans mes débuts.

Avant toute chose acceptée cette situation de panique malgré qu'elle soit désagréable. Souvenez-vous de ce dicton, ce qui ne me tue pas me rend plus fort.

Vous pouvez effectuer cet exercice sur d'autres situations, au travail, en famille où encore à l'extérieur. Votre premier ressenti et décision doit toujours l'emporter, sur tous les événements de votre vie, il y aura toujours des pensées qui viendront vous contredire, mais ignorez-les.

Avec le temps votre cerveau commencera à s'habituer et créera une nouvelle aptitude pour vous mettre en condition de dominé à chaque fois que ce genre de situation se présentera.

Vous êtes maître, donc vous devez apprendre à votre subconscient ce que vous désirez réellement le plus, et pas subir.

À présent pour cet exercice, dès que vous voulez vous assurez que votre cerveau est toujours apte, ça peut être une impression de perdre la tète, où encore vous ne contrôler plus les choses, vous avez des vertiges après une chute etc, faites aussitôt ces exercices mathématiques, car le cerveau adore ça. C'est très important de faire cet exercice telle qu'elle est expliqué ici.

Au cas où vous n'arrivez pas à réaliser cette équation une première fois, répétez la quelques minutes après et si c'est toujours autant compliqué, alors consulter un médecin.

Commencer à compter en décroissance, donc de 100 à 0.

Exemple, 100, 99, 98, 97, 96, 95, 94, 93, 92, 91, 90, 89,88, jusqu'à 0.

Le comptage doit se faire mentalement, pas à voix haute.
Où deuxième exercice si la première ne vous convient pas, faites des simples calcule de multiplication où division, ce n'est pas nécessaire de chercher des nombres élevés où compliqués.

Exemple multiplication, 2×10=20, 3×3=9, 6×6=36, 5×5=25, une dizaine de séries suffisent.

Exemple division, 10÷2=5, 3÷3=1, 6÷6=1, 25÷5=5, une dizaine de séries suffisent.

Votre cerveau commencera à se focaliser sur les chiffres, choisissez les chiffres que vous voulez, ceci est juste un exemple.

Ne vous inquiétez surtout pas, Sachez que le sentiment de bien-être se fait automatiquement. Appliquer ces conseils dès qu'une telle situation arrive. Tout ce que vous avez à faire c'est persévérer, vous êtes capable d'être enfin libéré de la peur.

Concernant l'exemple 1 du lâcher prise, vous pouvez vous entraîner sur d'autres situations où évènements.

La seule chose à retenir, c'est d'éviter de changer d'avis par simple pulsion. À chaque fois que vous prendrez des décisions, il y aura toujours et encore des pensées qui embouteilleront votre mental, oui, non, pourquoi ça, est-ce que c'est le bon, etc.

Gardez le contrôle, ignorez simplement ces pensées, laissez aller et venir, acceptez leurs présences sans pour autant attirer votre attention sur elles. Elles finiront par s'éteindre et jours après jours, mois après mois, elles n'auront plus la même force vibratoire. Vous ne remarquerez même plus que ces pensées sont présentes, parce que votre cerveau aurait compris que ce n'est pas vos priorités.

Cela semble toujours impossible, jusqu'à ce qu'on le fasse. Et l'habitude prendra le dessus.

CHAPITRE 4

Nous verrons maintenant comment développer la visualisation et l'éveil des sens. Elle servira aussi pour des méditations, comme maîtriser son destin, influencé certains événements dans votre vie, changer votre personnalité.

Vous pouvez pratiquer ces exercices justes après la méditation du chapitre 1, elles vont contribuer à votre bien-être.

Le premier exercice se fera comme ceci :

Une fois que vous vous trouvez à un endroit, chez vos proches dans un appartement, maison, au travail, à l'extérieur dans un parc, etc. Soyez curieux où curieuse regardez chaque recoin, le plafond, les fauteuils, les plantes, les objets, bref tout.

Ensuite examinez chacune des personnes présentes dans ce lieu où vous vous trouvez. Avec qui vous êtes le plus proche ou pas.

Une fois que tout est clair mentalement, vous pouvez lâcher prise. Si vous trouvez nécessaire de recommencer l'expérience, et bien faites-le.

Ensuite une fois chez vous, pesez-vous tranquillement, où allongez-vous.

À présent fermez les yeux et remémorez-vous tout ce qui s'est passé dans ce lieu où vous étiez, n'inventer rien ne rajouter rien non plus, resté fidèle aux images des objets, des personnes et le lien que vous avez avec eux. Cela ne doit pas forcément durer trop longtemps, 5 minutes suffisent. Si vous sentez aller plus loin, c'est toujours mieux. Vous êtes libre concernant le temps. Vous verrez qu'au bout d'un moment vos sens commencera à s'éveiller, votre comportement aussi changera, vous allez remarquer vos défauts, et celles des autres aussi, vos faiblesses et celles des autres, vous aurez là un outil disponible pour faire de vous une personne éclairée et meilleure, vous serez capable de faire des bons choix avec qui vous vous confierez le plus tout simplement, pour votre bien-être bien sûr. Ne sous-estime pas cet exercice, c'est efficace.

Deuxième exercice :

Quand vous êtes chez vous observez un objet, chaque détail compte même la plus fine, observez l'objet quelques minutes ensuite fermez les yeux et revoyez mentalement l'objet tel qu'il est, ni plus ni moins, restez ainsi pendant 5 minutes environ. Vous pouvez changer d'objets pour une prochaine fois, peu importe ce que s'est, une armoire, une chaise, une lampe.

Troisième exercice :

Prenez une photo d'une personne quelconque, fait pareil regardez la photo, chaque détail compte.
Une fois que tout est clair, fermez les yeux et revoyez la personne sur la photo de la tête au pied, mais que cette personne soit bien face à vous mentalement.
La personne n'est plus sur la photo, mais bien réel, restez positif sur vos intentions, n'oubliez pas que la loi karmique existe belle et bien, tu récolteras ce que tu auras semé, ayez que des pensées positives.

Ensuite quelques minutes après ouvrez les yeux.
Quatrième exercice :

Prenez un globe terrestre où regardez une image sur internet de notre planète terre et l'univers qui l'entoure. Regardez attentivement la planète terre et tous les continents. Prenez plutôt une image de la terre en mouvement, observez bien chaque continent, les océans, etc.

Une fois que l'image est clair, fermez les yeux et revoyez cet univers et la planète terre mentalement et vous êtes au centre, la planète terre face à vous, vous la tenez sur vos deux mains et elle est en mouvement avec l'image des continents qui tournent. Ressentez de l'amour pour elle, pas utile de rester trop longtemps, une à deux minutes suffisent.

Faites ces exercices jusqu'à les maîtriser, c'est-à-dire, quand vous commencerez à être alaise dans ces pratiques, et que cela se fait naturellement, paisiblement, ça veut juste dire que vous êtes prêt à pratiqué des méditations plus poussées. Nous verrons cela dans les chapitres qui suivent. Il y aura plusieurs pratiques et vous appliquerez au fur et à mesure selon vos besoins.

La visualisation n'est pas juste l'imagerie, vous devez utiliser vos cinq sens.

Quand vous vous projetez sur un sujet, en la visualisant vous devez ressentir les choses telles qu'elles doivent être, et pas comme elle est déjà, vous êtes maître et créer ce que vous désirez.

Ressentez le vent, le goût, le toucher, écouter comme si c'était réel, créez vous-même les événements qui vous plaisent, dans la méditation créative, vous êtes maître n'ayez pas peur, ce n'est pas dangereux, ça vous apportera bien plus.

Un cœur bon et un bon esprit forment toujours une formidable combinaison.

CHAPITRE 5

Nous allons étudier une autre méthode de méditation. Celle-ci comme tous ceux qui suivront, vous devez avant tout maîtriser la méditation du chapitre 1 et tous les exercices précédents avant cette page du chapitre 5.

C'est important parce que vous verrez sur cette méditation du chapitre 5, comme pour les autres méditations, ces aptitudes seront très utiles.

Sur cette méditation, vous allez apprendre à reprogrammer votre subconscient, a implanté ce que vous souhaitez être et vivre.

Ça peut être sous forme de prière selon vos croyances, des phrases d'affirmation, un vœu.

Sachez avant tout que votre subconscient emmagasine absolument tout ce que vous pensez et dites consciemment ou inconsciemment, et de là il va attirer les événements associés à ces pensées.

Voilà pourquoi nous subissons la grande majorité de notre temps à vivre des événements non souhaités. Nous laissons tout au hasard et pourtant ces évènements que nous vivons, nous les avons créés nous-mêmes sans le savoir.

MÉDITATION

Vous êtes assis confortablement, vos deux mains sur les genoux détendues, vos pieds à plat comme si elles étaient collées au sol, rien ne doit vous gêner.

Ensuite, fermez les yeux respirés profondément et lentement, inspirés et expirés par le nez uniquement. Concentrez-vous sur vos jambes, visualisées les.

Toujours les yeux fermés lâcher la pression des muscles, vos jambes sont complètement détendues. Faites pareilles avec vos bras visualisés et lâcher la pression, comme si elles ne vous appartiennent plus, ensuite visualisées votre ventre, il y a plus de pression, passer au dos détendu collé au dossier de votre chaise, après visualisé les épaules, le cou et votre visage, détendu.

Tout votre corps est maintenant lourd comme si vous sentez le sommeil arriver. Imaginez à présent comme si votre corps était aspiré par votre chaise, votre corps est léger. Imaginez-vous dans une plage, sable chaudes agréables ressentez le sable chaud dans vos mains, vos pieds.

Rester à présent dans cet état de bien-être et de paix pendant environ 10 à 20 secondes et appréciez ce moment.

Vous pouvez maintenant implanter mentalement vos désirs, restez positif et affirmatif.

Exemple 1 : un souhait.

Je suis en bonne santé, je suis courageux (se), je suis riche, je suis amour, je suis pleine de vitalité, je vis dans l'abondante.

Exemple 2 : prière.

Faites une prière selon vos croyances, mais vous devez toujours rester positive.

Vous êtes toujours en état de médiation, juste après l'une des exemples donnés, une fois implanté, rester 10 secondes environ avec un sentiment que votre désir est réalisé.

Comptez à présent mentalement jusqu'à 4 lentement et ouvrez les yeux. Ne vous levez pas tout de suite. Quelques secondes suffisent, et c'est fini.
À pratiqué seulement une fois par jour le soir, c'est mieux pendant 5 à 7 jours successives.

Fin

Quelques conseils, sur les 2 exemples.

Votre souhait où votre prière se prononcera mentalement.

Vous choisissez un exemple seulement par séance, soit les souhaits où une prière.

Vous choisissez aussi vos propres phrases affirmatives et positif, ceci est juste un exemple. Faites vos propres vœux et vos prières.

Mais par contre ce qui ne faut surtout pas faire, c'est ce genre de phrase :

Je ne suis pas malade, j'aimerais avoir la richesse où l'argent, je veux rencontrer l'amour, je veux un travail, etc. Non et non pas ce genre de phrase.
Ce que vous demandez existe déjà dans l'univers, donc en vous.

Incarné vos vœux en vous, pour attirer l'amour, vous devez être amour, pour devenir riche, vous devez ressentir mentalement cette richesse en vous, vivez comme si c'était réel, rien n'existe en dehors de vous-même.

Nous créons tout ce qui nous arrivent, les événements, les situations à travers nos pensées et nos actes. Le hasard ne crée pas les événements que nous vivons.

À chaque fois que vous pensez et dîtes quelque chose, cela émet des fréquences que nos yeux humains ne peuvent voir.

C'est comme les ondes musicales dans un studio d'enregistrement. La pièce est sonorisée et les fréquences émises ne sont pas entendues si vous êtes à l'extérieur, vous entendrez juste une vibration sonore, à peine compréhensible. C'est là aussi une preuve que les ondes émises existent belle et bien. Si vous ouvrez la pièce sonoriser, les paroles seront plus claires. Les ondes voyagent dans cette espace vide et les plus sensibles seront affectées par les fréquences émises et les moins réceptives n'apprécieront pas ces ondes musicales. Tout ceci pour vous dire que nos pensées, comme nos paroles ont une réelle puissance.

Chacune de ces fréquences émises, proviennent d'une cause et produit un effet.

Chaque fréquence à sa propre information et identité, les ondes que nous émettons sont réelles.

Faites ceci chez vous, prenez une feuille de papier, vous êtes dans une pièce où les fenêtres et portes sont fermées pour ne pas avoir un appel d'air.

Ensuite tenez la feuille de papier devant vous près du visage, mais sans qu'elle vous touche, parler à présent où chantez si vous préférez, vous allez remarquer que la feuille de papier va bouger, il y aura un mouvement à chaque fois que vous allez parler ou chanter. Vous émettez des fréquences qui ne vont pas traverser la feuille de papier, dès que vous allez vous arrêtez de parler où de chanter, la feuille de papier cessera, elle aussi, de bouger.

Autre exemple , écoutez la musique sur votre smartphone où autres appareils. Restez attentif, ensuite posez un objet devant votre appareil où smartphone, rapprochez de plus en plus l'objet vers votre smartphone jusqu'à le toucher, elle est collée à l'appareil émetteur du son, vous verrez une différence des fréquences au fur et à mesure que vous rapprochez l'objet de l'appareil émetteur, et une fois qu'ils sont collés, le son sortira sur les côtés et sera moins forte aussi.
Le fait de couvrir votre smartphone ou l'appareil émetteur de musique, vous empêchez les fréquences vibratoires de sortir librement.

Remarquez aussi ce geste naturel est universelle que toutes les cultures du monde terrestre font.

Quand une personne parle trop et on voudrait qu'elle arrête, mais la personne continue malgré tout, nous essayons après de lui mettre la main devant ça bouche pour que les sons émis par lui ne soient plus entendus. Nous n'avons pas appris à faire ce geste à l'école non, c'est en chaque être humain. Donc naturellement et inconsciemment nous savons déjà que nos paroles produisent des ondes. Ces ondes vibratoires sont réels.

Concernant les pensées émises, c'est la même forme de fréquence, la différence est juste la perception, il y a le visible et l'invisible.

Quand vous êtes dans une ruelle, et que vous entendez le bruit d'un véhicule qui

s'approche, le son du moteur de loin est moins bruyant, mais plus le véhicule s'approche de vous plus le son devient plus fort, le véhicule en s'éloignant le son du moteur perd petit à petit la fréquence émise vers vous jusqu'à disparaître. Mais est-ce que cette fréquence sonore a réellement disparue ?
Non, elle est forcément ailleurs même si vous ne l'écoutez plus, elle existe autre part.

Voilà pourquoi c'est très important de cultiver des pensées et des paroles positives, pas pour plaire aux autres, mais c'est pour votre propre intérêt et bien-être.
Nous passons la majorité de notre temps à cultiver des pensées négatives, dont la plupart ne se réalise absolument pas. Alors inverser les choses, autant être positive, à créer des vies et des événements qui nous font rêver.

Les pensées négatives sont nocives et créé des angoisses, le stress, la dépression, etc. les pensées positives ne créent pas ces problèmes, elles apportent une confiance, le courage, un bien-être, la joie, l'amour-propre, etc.

La première chose, c'est de rester honnête avec vous-même. Vous ne pourrez jamais avoir un impact sur votre vie, si vous ne changez pas vous-même intérieurement.

CHAPITRE 6

À chaque fois que vous avez des pensées parasites, vous créez des ondes négatives, c'est important d'avoir des mots où des phrases positives.

Prenant un exemple de cette phrase, je ne suis pas malade, le problème est le mot malade, votre subconscient ne fait aucune différence, il implante vos phrases mot par mot et attire les événements associés aux mots.

Toutes choses nées d'une semence semblable à la récolte, on attire en nous ce que l'on est.

Le mieux est de simplement dire, je suis en bonne santé, je suis riche, je suis courageux où courageuse, voilà les phrases d'affirmation positives.

Croyez-moi aucuns événements n'arrivent par hasard, nous sommes les créateurs de ces situations.

Apprenez à ne rien n'attendre des autres, tout ce que vous désirez, vous seul êtes en mesure de l'obtenir grâce à votre courage, votre détermination, votre force mentale.

Il y a une loi universelle, qu'on appelle la loi de l'attraction, ce qui est semblable attire à soi ce qui lui ressemble. Lorsque vous dites qui se ressemble s'assemble, c'est la loi de l'Attraction.

Vous avez la preuve lorsque vous vous réveillez de mauvaise humeur et que, durant toute la journée, tout se passent mal, au point qu'à la fin de la journée, vous vous dites que Je n'aurais pas dû sortir de mon lit. Vous avez la preuve, quand vous remarquez certaines personnes qui parlent le plus des maladies, sont souvent malades. Et celles qui parlent de richesse, abondance, ont souvent des opportunités et pleins d'idées ambitieux qui bousculent dans leurs tête.

Vous devez commencer à changer votre personnalité et contrôler vos pensées. Rien ne se manifeste dans votre vie et dans votre existence sans que vous ayez attiré à vous tout ce qui vous arrivent.

La loi de l'Attraction est inévitable, les pensées que nous émettons en permanence positives où négatives, ont un effet réel dans nos vies. Il est juste de dire que vous créez votre propre réalité. Tout ce dont vous faites l'expérience survient de votre propre création.
Voici une méditation qui vous servira à favoriser des événements où une situation que vous désirez voir se réaliser.

Concernant les méditations ou vous aurez le choix d'être allongez. Cela se passe ainsi, vous vous allongez dans votre lit où par terre, mais confortablement, le corps relaxé et bien droit. La tête et le cou légèrement levés avec un oreiller pas trop épais, pour vous laisser respirer tranquillement sans-gêne.

Votre corps en forme d'étoile de mer. Les bras ouverts donc éloignés du corps, les jambes ouvertes aussi, c'est-à-dire qu'elles ne se touchent pas, le corps en forme d'étoile de mer.

Ensuite vous suivrez les instructions données.

À pratiquer une fois par jour, le soir uniquement. Et maximum 2 fois par semaine.

MÉDITATION

Vous êtes assis où (allongez en forme d'étoile de mer). Respirez profondément et fermez les yeux, concentrez-vous sur votre respiration, inspiré et expiré par le nez sans vouloir la contrôler, lentement pour détendre le corps. Lâcher complètement la pression sur vos jambes, ensuite lâcher la pression de vos bras, si vous êtes assis les bras doivent être au niveau de vos genoux. Lâcher la pression au niveau abdominale, lâcher la pression au niveau du torse, pareil pour le dos, et les épaules, le cou et finalement relâchez la pression au niveau de votre visage.

Dans cet état de paix, imaginez à présent que votre corps s'évapore, aspiré, sous forme des grains de sable lumineux vers l'univers, comme si votre corps entier s'est transformé en atomes, (vous pouvez imaginer l'atome comme des grains plus petit que le sable, mais qui brillent). Commencer par les jambes qui sont aspirée, ensuite les bras, après le ventre, le torse, le dos, les épaules au visage, tout sous forme d'atomes qui s'évaporent.

Vous êtes maintenant au centre de l'univers face à la terre en mouvement.

Votre corps en forme d'atomes, devient un être divin, un être lumineux, bienveillant, amour, puissance, sérénité, sagesse, courage, force, omniprésent, omniscient, vous êtes cette divinité.

Maintenant vous voyez à travers lui, c'est tout simplement vous à présent. Vous tenez la planète terre en mouvement sur la paume de vos mains avec amour.

Ensuite projeter ce que vous souhaitez voir se réaliser dans votre vie. Pas nécessaire d'être long. Quelques secondes suffisent, et même conseiller.

Concentrez-vous sur l'affaire que vous avez projetée. Imaginez de manière vive que votre désir est déjà réalisé. Identifiez-vous vivre ce souhait, ressentez chaque détail, la joie qu'elle vous procure.

Une fois que c'est clair en vous, revenez à vous, l'atome qui revient de l'univers reforme votre corps physique à l'endroit où vous, vous trouvez assis à méditer.

Vous êtes en paix et calme. Appréciez quelques secondes de silence mental. Comptez jusqu'à 4 lentement et ouvrez les yeux, restez assis le temps de reprendre vos esprits.

FIN

Ça l'air complexe, mais ce n'est pas le cas, relisez au moins 3 fois cette méditation avant de la pratiquer. Vous verrez que c'est simple et comme toute chose à force de pratiqué où de répéter quelque chose, on s'imprègne complètement.

Ne vous découragez pas, la vérité, vous l'aurez que dans le vécu et l'expérience. Dans certaines écritures religieuses, il est écrit que, Dieu a créé l'homme à son image, l'homme dans le sens global, donc nous sommes des êtres divins.
Tant que vous considérez les choses sous forme de votre déception, vous continuerez d'attirer d'autre sujet de déception.

La compréhension du processus de création reste importante.
Quoiqu'il en soit, rester maître de votre vie, vous êtes seul capable de pouvoir changer les choses. Voyez les choses telles que vous voulez qu'elles soient, et pas telles qu'elles sont déjà. Croyez réellement à vos projections mentales, et naissent en vous une émotion positive, et là, c'est bon signe puis, à partir de cet

état d'être-là, attirer les choses que vous voulez.

Lorsque vous vous projetez sur ce que vous voulez voir se réaliser, ne cherchez pas le comment ça arrivera, surtout pas. Votre côté divin sait exactement comment. Seul chose à faire, c'est de vous voir déjà vivre ce moment souhaiter, si vous avez projeté vos pensées vers la santé. Voyez-vous en forme dans vos occupations où faire du sport, marcher, rigoler, etc. Si vous vous projetez sur l'abondance, voyez-vous déjà vivre dans votre maison de rêve, vos véhicules, donner aux autres, vous êtes au bord de votre piscine, vivez et ressentez absolument tout. Vos proches qui sont à côté, vous êtes le réalisateur.

Rien n'est impossible pour l'univers qui ne peut pas vous offrir.

Imaginez juste un instant tout ce qui existe dans l'univers, les milliards de milliards de planètes, les étoiles solaires, d'autres milliards voir infinis univers à part la nôtre, d'autres qui nous sont impossible d'expliquer et de voir. Et nous humain pour une simple demande minuscule, comparé à la création tout entière, vous pensez que l'univers n'arrivera pas a réalisé votre souhait ? Cultivez un mental fort, positif et ne laissez pas vos doutes prendre le dessus.

Si nous sommes là sur terre, c'est une preuve que tout est possible.
La construction d'une nouvelle personnalité, comprend la construction d'un esprit courageux, fort, sage, serein, et de paix intérieure.

CHAPITRE 7

Avant d'aller plus loin dans ce chapitre 7, j'aimerais rappeler quelque chose.
Celui qui sème le vent, récolte la tempête. LA LOI DU KARMA
Cette loi est bien connue de nos jours. Des millions de personnes dans le monde entier la connaissent, parce que c'est une loi universelle.

Cette Loi opère dans tout l'Univers. Si vous faites mauvais usage de la force de la pensée, la loi du karma vous tombera dessus et vous serez alors horriblement châtiés.

L'énergie mentale est un don de la création et elle ne doit être utilisée qu'à bon escient et avec de bonnes intentions.

Il est juste que le pauvre améliore sa situation économique, mais il n'est pas juste d'utiliser la force mentale pour nuire à d'autres personnes.

Avant d'effectuer un travail mental pour accomplir la cristallisation d'une projection, réfléchissez et méditez, si vous êtes sur le point d'utiliser la force mentale pour porter préjudice à autrui, mieux vaut que vous ne le fassiez pas, car alors le rayon terrible de la Justice Cosmique tombera implacablement sur vous tel une foudre vengeresse.

Maintenant une fois dit, passant à des exercices de force mentale.

Le but ici est de donner un peu plus de puissance à nos pensées. Comme tous muscles, c'est en travaillant qu'il prend de la puissance.

EXERCICES

Premier exercice : Fenêtres et portes fermées.

Accrochez au plafond de votre chambre un fil de soie. Pendez une aiguille à l'extrémité de ce fil. Concentrez-vous sur cette aiguille et essayez de la faire bouger avec la force de la pensée.

Les ondes mentales, lorsqu'elles se développent, peuvent faire bouger cette aiguille.

Travaillez dix minutes chaque jour à cette pratique. Au début, l'aiguille au bout du fil de soie ne bougera pas. Avec le temps, vous pourrez constater que l'aiguille oscille et finit par bouger fortement.

Ces exercices servent à développer la force mentale. Rappelez-vous nous avons parlé de ça, que les ondes mentales voyagent à travers l'espace et vont d'un cerveau à l'autre.

Deuxième exercice : Posez sur une table quatre ou cinq objets divers. Enlevez-les successivement en commençant par le dernier objet posé. Refaites ensuite ce même exercice, mais cette fois mentalement.

Fermez les yeux, imaginez les objets sur la table, éliminez-les un par un toujours en commençant par le dernier. À la fin la table doit être vide.

Troisième exercice : Les yeux fermés, imaginez-vous écrivant sur un tableau le chiffre 1, puis le chiffre 2, et le chiffre 3. Quand vous les voyez bien tous les trois, fermez les yeux et effacez mentalement le 3, puis le 2, et enfin le 1.

À la fin le tableau doit être vide.

Quatrième exercice : Vous êtes libre de choisir le nom de la ville qui vous plaît. Les yeux fermés, imaginez-vous écrivant sur un tableau le mot " Paris " Quand vous le voyez bien, effacez mentalement le s, le i, le r, le a, et le P comme ceci.

Paris Pari Par PaP

À la fin le tableau doit être vide.

Ces exercices sont importants, ne doutez pas, nos pensées ont une réelle puissance, les fréquences qu'elles émettent sont, elles aussi réelle. Ce n'est pas parce qu'on ne voit pas quelque chose, qu'elle n'existe pas. Vos intentions sont très importantes pour la réussite de ce que vous désirez voir dans votre vie.

MÉDITATION

Asseyez-vous sur une chaise confortable, relaxez vos muscles, commencez par les jambes, ensuite les bras, le ventre, le torse, le dos, et enfin les épaules aux muscles du visage.

Faites le vide mental, lâcher prise sur toutes les pensées parasites qui vous traversent, ne les chasser pas. Attiré juste votre attention sur votre respiration. Continuez à relâcher vos muscles au point de n'est plus pouvoir vous levez.
Vous êtes à présent entre l'éveil et le sommeil, maintenant vous communiquez uniquement grâce à vos sens, votre corps est complètement lourd. Continuez à

relâcher vos muscles de plus en plus. Dès lors vous avez cette sensation de paix profonde.

Concentrez-vous sur l'affaire qui vous intéresse. Imaginez maintenant la personne entièrement de la tête au pied, ressentez sa présence, ce film mental doit être réel et ressentit, vos cinq sens en activités. Observez cette personne avec amour, paix et bienveillance. Dès-lors l'image est claire, ensuite, projetez-vous mentalement sur cette personne, comme si vous étiez aspiré.

À présent vous êtes cette personne, à travers son regard, vous voyez à présent. C'est votre physique en face que vous voyez maintenant. Ressentez la joie de le voir (votre physique avant la projection) l'amour, que vous éprouvez pour lui, sincère et compatissant. Tout ce que vous souhaitez qu'on puisse ressentir pour vous.

Ça peut être des phrases où simplement des pensées.

Mentalement communiquer avec lui, projetez des intentions ou des phrases que vous souhaitez qu'on vous dise. L'amour, la compassion, etc. Tout ce que vous voulez.

Ainsi les ondes mentales pénétreront très profondément dans le mental de l'autre et réaliseront des merveilles.

15 à 20 minutes sont suffisantes pour triompher. Juste après la projection une fois finie, revenez à votre corps physique. Vous êtes toujours en état de médiation, faites le vide pendant quelques secondes et comptez jusqu'à 4 lentement.

Ouvrez les yeux.

FIN

Quelques précisions sur cette méditation. Vous pouvez faire cette méditation pendant 3 jours successives en une semaine. Laissez agir les fréquences émises par votre mental. Les jours qui suivront, forcez-vous à oublié ces 3 jours de méditation créative. Ce n'est pas dangereux si vous y pensez quelques fois, c'est juste important pour éviter d'émettre des pensées négatives et des doutes.

Plus vous y porterez attention plus les doutes se créeront. Parce que les doutes sont-elles aussi des pensées, donc elles émettent des fréquences aussi.

Vous ne pouvez pas empêcher votre cerveau de pensées, mais vous pouvez ignorer ces pensées.

Rappelez-vous nous avons déjà vu ça dans les chapitres précédents lâcher prise. Faites la méditation, après lâcher les ondes dans la nature, il trouvera sa destinée. Faites cette méditation une fois dans la journée.

Quand vous vous projetez sur une personne de votre choix, avant de commencer la méditation vous devez avoir une photo de la personne sur laquelle vous voudriez améliorer vos relations. Regardez sa photo quelques petites minutes pour vous imprégner de son image mentalement. Ensuite déposer la photo pour libérer vos mains à la pratique de relaxation.

C'est pour tous les domaines de la vie. L'amour, le travail, l'abondance, la santé, le courage, etc. La scène que vous créerez, doit être réaliste, ressentez les odeurs, le bruit, le vent, les sensations du toucher. Vous pouvez par exemple, vous imaginez dans votre logement, au travail, à l'extérieur, ou même un endroit créer par vous-mêmes.

N'oubliez pas que dans ces pratiques de méditation, vous devez voir les choses telles que vous voudriez qu'elle soit et pas telle qu'elles sont. Vous créez cette situation, votre imagination doit être en accord avec la méditation créative.

Un exemple, vous voudriez que votre employeur vous apprécie un peu plus. Vous avez avec vous la photo de la personne, ensuite une fois que son image est clair, son physique entièrement face à vous. Fermez les yeux et projetez-vous comme si vous étiez aspiré vers son physique, et ensuite vous devenez votre employeur, c'est à présent vous.

Mais absolument pas son comportement habituel, ou même son caractère. Et c'est votre physique que vous verrez en face, dès à présent. Commencé à communiquer avec lui, donc avec votre image. Dites-lui bonjour ou une bise, ressentez l'amour pour lui, cette rencontre doit être strictement noble et positif.

Soyez très créatifs, une vraie scène remplie d'amour. Moi, je vous donne quelques exemples des mots, mais vous savez mieux que moi ce que vous désirez le plus.

Dans la visualisation, ce n'est pas uniquement l'imagerie, c'est aussi le ressenti. Le ressentit, c'est tout simplement vos cinq sens, ce film mental que vous créez doit être réel. Servez-vous des exercices précédents que nous avons vus sur la visualisation pour habituer votre mental à être alaise et à créer plus facilement un événement que vous souhaitez.

Ces ondes voyagent à travers l'espace et arrivent à l'esprit de la personne à laquelle vous êtes en train de penser.

Quand tu t'es battu si dur pour te remettre debout. Ne retourne jamais vers ceux qui t'ont mis à terre.

CHAPITRE 8

Nous allons voir comment rester lucide pour se rappeler des rêves.

Elle vous sera utile, car les méditations que nous avons vues où verrons, développeront votre personnalité et élargira votre conscience pour une meilleure compréhension. Vous comprenez mieux les choses, vous verrez la vie différemment, croyez-moi, c'est vraiment agréable et libérateur.

Premièrement dès votre réveil, soyez curieux où curieuses.

C'est-à-dire regarder tout ce qui vous entoure comme si c'était la première fois. Utilisez là aussi vos cinq sens, quand vous prenez un objet ressentez la, de quel matériel est elle faite. Quand votre regard se fixe sur un sujet quelconque, pareil regardez la comme si c'était la première fois, détaillé le sujet ce qui est écrit, la couleur où les couleurs, la forme, la taille tout ce qui servira votre curiosité.

Après pour l'ouïe prêtez attention à tous les bruits, d'où vient se bruit, quelle est cette musique, les véhicules à l'extérieur, le bruit du vent, ainsi votre propre battement du cœur, le son de votre souffle.

Au moment de manger, utilisez votre sens du goût, les sensations dans la bouche, le mélange avec la langue, le passage à la gorge jusqu'à l'estomac.

Enfin ressentez l'aire de votre respiration, ce souffle qui rentre et qui sort, les odeurs dans la pièce où vous êtes, l'odeur de la nourriture et toutes les odeurs possibles. Faites tout ceci même quand vous êtes à l'extérieur, au travail, en famille, en marchant, en conduisant, d'ailleurs ça vous évitera des accidents dû à l'inattention, tout ce que vous verrez doit être vécu maintenant et ici.

Ressentez, vivez chaque chose comme si vous venez de le voir la première fois. Quand vous marcher et qu'un véhicule passe à vos côtés, ressentez sa présence, l'odeur du carburant qu'il dégage, le bruit du moteur, sa couleur. Un oiseau qui vole au-dessus de vous, ressentez sa présence sur votre tête. Les gens qui sont près de vous, ressentez leurs présences. Quand vous sortez d'une pièce où d'un endroit quelconque, dès que vous arrivez chez vous, refaites l'image de l'endroit, avec les objets présents, les personnes qui ont été présentes.

Ensuite ce qui suit est très important pour compléter à cet exercice d'éveil.
À chaque fois que vous verrez un événement curieux où tout simplement bizarre, si vous le pouvez faire un où deux sauts avec l'intention de voler. Si vous ne volez pas ce que vous êtes toujours dans notre monde terrestre de la 3e dimension, ne vous inquiétez pas.

Pareil dès que vous voyez une personne que vous avez vue il y a très longtemps, pas un mois où deux non, mais des années sans l'avoir vu ni entendu parler de lui. Donc complètement absent de votre vie pendant des années.

Vous devez faire la même chose, un petit saut distrait avec l'intention de voler. Pourquoi tous ces exercices ? Sachez que tout ce qu'on fait ici et maintenant dans notre monde matériel, nous le faisons aussi pendant nos rêves. Les rêves sont tout simplement les activités de notre inconscient.

L'inconscient emmagasine tout ce que nous pensons avoir oublié, où qui n'existe plus. Rien ne se perd absolument rien.

Vous remarquerez que pendant nos rêves, nous sommes souvent dans des lieux que nous connaissons, avec des personnes que nous connaissons aussi. De fois, ce n'est pas le cas, c'est des endroits inimaginables, curieux, incroyable de mélange de nature. Tout cela sont des créations de notre mental.
Vous allez remarquer à un moment donné, pendant que vous rêvez, vous agirez de la même façon et votre conscience s'éveillera quelques instants, c'est instinctif. Ne vous inquiétez pas, parce que dès que vous aurez peur où votre émotion s'emballera, vous vous réveillerez aussitôt.

Voilà pourquoi c'est important de contrôler vos émotions. Vous resterez un peu plus longtemps lucide pendant vos rêves.

Quand vous avez peur, vous faites ce que certains appellent cauchemars, mais au moment où vous arriverez à contrôler vos émotions grâce à la méditation, vous constaterez un changement de perception de cette réalité onirique.

Moi, par exemple il y a bien longtemps quand je rêvais d'un chien où un serpent, pour ne citer que ceux-là, j'étais rempli des pensées négatives, il va m'attaquer, il va me mordre ? Et comme par hasard ce qui s'est passer.

J'en n'avais marre à chaque réveil, d'avoir aussi peur en sachant bien évidemment que ce n'était pas une réalité.

Je me suis penché sur ce cas, chaque soir avant de me coucher je méditais sur ce chien et ce serpent, mentalement je commençais à communiquer avec eux et pendant quelques minutes dans la journée en pensant à mon mauvais rêve, je me disais mentalement que, ce n'est pas réel pourquoi j'ai autant peur, ce n'est pas réel. Ça m'énervait tellement que je n'ai pas lâché. Et au bout de quelques jours, je me suis même pas rendu compte pendant mes rêves.

À mon réveil, j'ai pensées à mon rêve que j'avais ce chien à mes côtés, je l'ai caressé, je me promenais avec lui et après je ne me suis même pas rendu compte, qu'il n'était plus là.

C'était incroyable pour moi, j'étais tellement content d'avoir pu me libérer de cette peur. Je fais pareil pour le serpent, et c'était encore mieux que je ne le pensais. J'ai attrapé le serpent avec ma main toujours en me répétant qu'il n'était pas réel, je l'ai déposé dans les buissons et le serpent à ramper tranquillement, pendant que j'étais encore dans mon rêve, j'ai eu un moment de lucidité, j'ai pris conscience que je dormais en réalité, j'étais très fière de moi et une merveilleuse sensation.

Vous aussi êtes capable d'avoir un mental fort, donnez-vous le temps de pratiquer ces exercices jusqu'à constater de vos propres yeux le changement.

Pour moi aujourd'hui les rêves lucides, c'est totalement intégré, c'est absolument pas dangereux, ça vous libère de la peur, des croyances enfouie en vous, vous serrez tellement content que personnes ne vous enlèvera cette vérité.

Apprenez aussi à contrôler vos émotions, nous avons vus cela précédemment, le secret, c'est la respiration, focalisez-vous sur ça et les tensions baisseront.

L'émotion est un système de Guidance naturelle, à chaque fois que nous avons des pensées où des intentions. Elle nous permet d'orienter nos pensées sur ce que nous désirons réellement.

Par exemple, vous êtes en pleine discussion, une personne parle de maladie, cette discussion vous met mal à l'aise. Votre Système de Guidance vous indiquera tout de suite que ce n'est pas ce que vous désirez entendre. C'est absolument pas en harmonie avec vous.

Notre système émotionnel agit comme une protection où un guide. À chaque fois que vous avez des remontées émotionnelles, commencer à étudier l'origine de ces émotions, Analysez les.
Souvent ces émotions négatives sont cultivée par nos croyances. N'ayez pas peur à chaque fois que vous avez des remontées émotionnelles, lâcher prise. C'est juste une réaction naturelle de votre corps.
Inspiré profondément et expiré profondément, c'est tout. Votre émotion se calmera tout seul. Ne forcez rien ne paniquer pas.

Ensuite pour contrôler la peur.

Premièrement sachez que la peur se manifeste avant tout mentalement et c'est souvent aussi des croyances enfouies en nous depuis notre enfance, notre éducation, l'environnement auquel on vit.

Ce sont des images et des pensées qui n'existent pas. Elles ne sont pas réelles. C'est juste un film d'horreur créé par notre mental. Remarquez d'ailleurs quand vous y pensez, absolument rien ne se passe comme vous l'avez imaginé, dans ce pire scénario.
La peur est en même temps notre allié. Réfléchissez un instant si la peur n'existait pas, imaginez juste à quel point nous serons tous en danger, je vous explique comment.

Vous êtes sur un pont à plusieurs centaines de mètres de hauteur, de la terre ferme sans protection. S'il n'y avait pas cette sensation de peur du vide, nous sauterons sans protection.

Autre exemple, vous êtes prêt à traverser un boulevard et soudain vous vous arrêtez, un coup d'œil à gauche et à droite ensuite vous traversez. Pourquoi avez-vous fait cet arrêt avant de traverser ce boulevard ? Parce que vous avez eu peur. Donc la peur est positive comme aussi elle peut être négatif, si on ne la contrôle pas. Ça ne sert à rien de vouloir la combattre. Quand vous avez peur, vos émotions s'emballent et votre battement du cœur s'accélère. Il faut juste attirer votre attention sur votre respiration, c'est tout.

Acceptez cette situation désagréable, rien ne peut exister éternellement.

Ne surtout pas commencer à vouloir penser à autres choses pour oublier ce qui vous met dans cet état. Concentrez-vous uniquement sur votre respiration et vous verrez que le calme commencera à prendre place.

Ça s'arrêtera quoiqu'il en soit tôt ou tard.

Apprenez à accepter les choses telles qu'elles sont. Essayez de les modifier ne servira qu'à accentuer la situation.

Vous verrez avec le temps, en pratiquant ces exercices, vous ne vivrez plus dans la panique. Vous ne ferez même plus attention quand vous aurez un moment de tension, C'est tellement libérateur.
La peur est une chose qui est enseignée à l'homme par les circonstances, l'entourage ou l'éducation. Ce n'est jamais une chose innée.

CHAPITRE 9

Cette page sera consacré sur diverses méditations et exercices.

Nous allons commencer par une méditation, afin de ressortir vos capacités intellectuelles et votre mémoire également.

À ce stade, vous maîtrisez déjà les différentes postures pour méditer. Nous avons vu celle assis et allongez.

MÉDITATION

Assis où allongez, faites un 0 avec votre pouce et l'index de chaque main. C'est à-dire votre pouce et votre index droit se touchent en formant un 0,
ensuite votre pouce et votre index gauche se touchent en formant un 0. Et gardez cette forme 0 de vos pouces et index pendant toute la pratique. Posez vos mains sur vos genoux la paume des mains vers le haut.
Concentrez-vous sur votre respiration, fermez les yeux à présent. Respirez par le nez, inspiré, expiré, profondément et lentement sans contrôler le rythme, elle ralentira d'elle-même.

Relâchez complètement les muscles de vos jambes, pareil pour les bras et n'oubliez pas votre pouce et index doivent garder cette forme de 0, ensuite relâchez les tensions au niveau du ventre, le torse, le dos et pour finir les épaules aux muscles du visage. Relâchez toutes pression de votre corps.

Restez dans cet état de paix et de calme. Faites le vide mental, donc lâcher prise sur toutes sortes des pensées qui vous traversent en ce moment présent.

Positives où négatives laissez les venir et aller sans vous identifiez à elles, sans chercher à les chasser. Elles sont là, acceptez. Ce n'est pas réel n'oublie pas.

Ramenez uniquement votre attention sur votre respiration. Poussez ce relâchement des muscles de votre corps, pour atteindre à présent un état entre le sommeil et l'éveil.

Imaginez maintenant une lumière blanche mélangée au violet très puissante, pénétrant dans vos narines quand vous inspirez profondément, suivez son cheminement en passant par la gorge, jusqu'à l'estomac.

Et une fois dans votre estomac, ressentez cette puissance parcourir votre corps intérieur, ensuite mentalement voyez votre corps prendre forme de cette lumière blanche et violet, ressentez la puissance divine en vous. Identifiez-vous à cette nouvelle forme physique qui est tout simplement vous. N'en doutez pas.

Restez quelques secondes dans cet état de paix intérieure, de courage, force, sérénité, d'amour universelle.

Comptez jusqu'à 4 et ouvrez les yeux. FIN

Quand vous expirez profondément, ressentez juste l'aire négative sortante, pas nécessaire d'imaginer la couleur de l'aire pendant l'expiration. Ressentez juste comme si vous libérez quelque chose d'indésirable, quelque chose que vous ne désirez pas garder en vous.

Ne cherchez pas à leurs données une image où un mot. Ce qu'il ne faut pas faire :

Par exemple, vous libérez l'air en expirant et vous imaginez que c'est la colère qui sort, l'angoisse, l'un de vos défauts, etc. Non et non il ne faut pas procéder comme ça. Tout ce que vous avez à faire, c'est expiré, et mentalement vous savez que cet air expiré ne doit pas rester en vous point.

Faites confiance à cette force universelle de nature divine, lui sait tout ce qui est indésirable.

Concernant maintenant l'inspiration, Faites cette inhalation de lumière blanche et violet 3 fois.

À chaque inhalation allez jusqu'au bout avant de passer au deuxième inhalation, et après la troisième inhalation.

Votre corps prend forme de cette puissante lumière blanche et violet, ressentez la réellement.

CONTRÔLER LA COLÈRE

Vous pouvez faire cet exercice assis, allongez où même en mouvement, marcher par exemple.

Vous sentez-vous irrité ou rempli de colère. Vous êtes nerveux ou nerveuse, rappelez-vous que la colère peut provoquer des ulcères gastriques.

Vous pouvez contrôler la colère par le moyen de la respiration. Inspirez très lentement, ne pas inspirer par la bouche juste par le nez.
La bouche bien fermée, l'air vital qui rentre et comptez mentalement, 1-2-3-4-5-

6 Retenez maintenant votre souffle en comptant mentalement, 1-2-3-4-5-6.

Expirez très lentement par la bouche en comptant mentalement, 1-2-3-4-5-6.
Répétez l'exercice jusqu'à ce que la colère soit passée.
Autre exercice :

Dès que vous êtes en colère, stressée, anxieux où anxieuse.

Continuez vos activités, ce n'est pas nécessaire d'être assis où allongez.

Commencez à compter mentalement les chiffres pairs, 2, 4, 6, 8, 10, 12, 14, 16, 18, 20, jusqu'à 100. Où si vous préférez les chiffres impairs, comptez comme ceci, 1, 3, 5, 7, 9, 11, 13, 15, 17, 19, jusqu'à 99.

Répétez l'exercice jusqu'à ce que vous sentiez un apaisement.

Sans même vous en rendre compte, vous remarquerez que le calme et la paix intérieure s'imposeront.

Le cerveau est très friand des mathématiques, toute votre attention se focalisera sur ces chiffres.

Ne sous-estimez pas ces exercices, elles sont très efficaces. EXERCICES DU DÉTACHEMENT
Sur cette pratique, vous allez prendre le contrôle de votre vie, Ça peut être une relation où des addictions, alcool, tabac, etc.

Vous devez absolument ressentir chaque situation que vous souhaitez vous en détacher. Sachez avant tout, que chaque chose est en constance mouvement permanent. Rien ne peut rester tel qu'elle éternellement., l'évolution est inévitable pour tous. Encore une fois, vous seul êtes capable de changer les choses, vous êtes maître de votre vie, sachez prendre des décisions et tenir bon.

Prenez un objet, concentrez-vous sur cet objet et ressentez sa présence sans vous identifiez à elle, ne cherchez pas à vous imaginer par exemple à quoi elle a servi. C'est-à-dire qu'elle a une existence.

Observez cet objet quelques secondes, ensuite imaginez maintenant le début de sa création, de quel matériel elle est fait, son cheminement jusqu'à sa destruction.

Exemple : vous êtes un fumeur et vous aimeriez arrêter, mais c'est plus fort que vous. Dès que vous arrêtez, vous stressez, manque d'appétit, manque de sommeil où le contraire vous prenez du poids.
Imaginez maintenant le début de sa création, dans le champ de tabac, les feuilles qui grandissent, la cueillette, l'usine de fabrication, les substances toxiques qu'elles contiennent, la mise en vente, votre achat et sa destruction faite par vous, à travers la consommation de ces toxiques. Réfléchissez un instant, est ce que c'est vraiment nécessaire ?

Pour vous détacher d'une relation nuisible où d'une douleur relationnelle. Vous devez voir cette personne bébé, au changement des couches, a l'adolescence, là aussi avec les soucis liés à cet âge, le présent, et son futur, donc la vieillesse, sans vous donnez des détails, tout simplement le cheminement et les changements liés à l'âge. Libre à vous d'imaginer ce que vous voulez, mais dans le seul but, est le détachement.

Rien sur terre ne peut garder la même forme, la nature également change constamment.

Alors pourquoi s'attacher à quelques choses où à un sujet, au point d'en souffrir.

Soyons clair si vous êtes heureux en couple, cet exercice ne vous concerne pas. C'est seulement pour des relations nuisibles, par exemple, violences conjugales, etc. Oui vous devez vous détacher absolument.

Premièrement commencer par la méditation du calme mental, pour pouvoir lâcher prise dès qu'il y aura des pensées vous poussant à fumer. Parce que en réalité, tout commence par le verbe et le verbe est né à partir de nos pensées.

Comprenez une chose, contrôlé ces émotions est absolument essentielle pour prendre le dessus sur tout. Ne sautez pas les étapes s'il vous plaît, et ne vous inquiétez pas. Restez juste naturelle, ne forcez pas les choses.

Votre subconscient créera en vous toutes sortes de dégoût afin de vous obliger à dire un jour, bon là j'arrive plus.

Le but ici est de vous détacher facilement d'une addiction où à accepter une rupture. Donc votre création doit être orientée vers sa fin, et pas du tout vers une reconquête ou une maîtrise des addictions, ce n'est pas le sujet ici. Restez ferme sur votre objectif uniquement. Si vous désirez l'amour, passé cet exercice et pratiqué une autre méditation dédiée à ça. Mais ici, c'est le détachement qu'il s'agit.

Concernant votre sujet, l'objectif est la volonté pour s'en détacher. Le but de cet exercice est d'emmagasiner votre désir, afin que votre subconscient en prend acte, ensuite vous devez lâcher prise.

Exemple :

C'est comme si vous avez une cible devant vous, vous lancez une fléchette, et entre le moment du lancer et de toucher la cible, il y a cette espace vide d'attente avant qu'il ne touche la cible, vous n'avez plus le contrôle de la situation pendant ce temps, vous attendez juste que la fléchette touche sa cible.

C'est pareil avec nos pensées en forte intensité, les ondes traversent l'espace jusqu'à atteindre sa destination.

Rappelez-vous, votre subconscient emmagasine tout ce que vous désirez, consciemment où inconsciemment et va attirer des situations, des événements dans ce sens.

La pratique de cet exercice permet de prendre conscience de l'harmonie et de l'interdépendance de toutes choses dans l'univers. Il permet de voir l'unité profonde existant derrière les choses et les êtres. Dressez la liste des choses auxquelles vous souhaitez vous détacher. Ensuite un par un commencer à vous en détacher.

Priorisez les plus faciles pour vous habituer à la pratique. Attendez voir les changements avant de passer aux suivants.

MÉDITATION

Allongez-vous dans votre lit où au sol sur un support confortable. Votre corps doit être en forme d'étoile de mer, les jambes ne doivent pas se toucher et les bras ne doivent pas être collés à votre corps. Votre tête posait sur un oreiller pas trop épais, pour éviter les tensions au niveau du cou, les paumes des mains vers le haut.

Relâchez toutes les tensions musculaires de votre corps. Inspiré profondément et expiré profondément, à un rythme naturel. Inévitablement les pensées parasites se manifesteront, ne le chasser pas, et ne vous identifiez pas à ces pensées.

Votre attention doit se focaliser uniquement sur votre respiration.

Dès lors que vous serez apaisé, visualisez ensuite chaque cheminement de votre sujet. Ressentez ensuite intensément le sujet, sa composition, sa création, sa fabrication, jusqu'à sa finalisation sans vous identifiez au sujet, elle a sa propre existence.

Imaginez-vous devant le sujet, ressentez un dégoût en le voyant. On ce moment précis, répétez mentalement 10 fois votre désir (ex. Je ne fume pas) après cette répétition 10 fois, appréciez un moment de vide mental pendant une vingtaine de secondes et répétez à nouveau le même désir 10 fois.
Gardez ce sentiment de dégoût, ressentez la situation comme si c'était réel.

Ensuite, mentalement vous voyez un ciel nuageux, regardez passer ces nuages en mouvement jusqu'à ce qu'elles disparaissent à l'oraison. Restez avec ces images entre 30 et 60 secondes. Comptez à présent mentalement jusqu'à 4 et ouvrez les yeux.
FIN

Vous devez refaire cette méditation jusqu'à finalement atteindre la phase d'acceptation. 1 fois par jour, c'est important de ne surtout pas penser aux problèmes de santé causée par le sujet traité, ni même vous identifiez à ces causes, voyez juste sa composition et son cheminement.

Votre subconscient emmagasine tout ce que vous pensez où dites, que ce soit bien où mal, la nature vous le savez ne fait aucune différence. Votre subconscient attirera les événements et les situations que vous avez programmées mentalement, Volontairement où pas.

Vous devez connaître cette phrase spirituelle, demandez et on vous le donnera.

CHAPITRE 10

Nous allons traiter à présent l'origine de nos peurs.

Très souvent nos peurs sont à l'origine de nos croyances antérieures. Comme nous l'avons déjà dit, notre mental ne peut s'arrêter de penser.

Le but est de comprendre d'où viennent ces pensées parasites qui créent des émotions négatives, donc la peur.

Voici un exercice qui vous permettra de vivre votre vie différemment.

Nos croyances ont une polarité, négatives et positives. Ici nous allons aborder uniquement les négatives, car c'est celles qui nous posent problème et nous empêchent de vivre nos vies librement.

Écrivez sur une feuille de papier toutes vos croyances négatives, soyez honnêtes avec vous-même ne cherchez pas à modifier vos croyances sous prétexte, parce qu'elles vous mettent mal alaise, affrontez cette réalité.

Prenez la première croyance, visualisez cette croyance dans votre esprit, d'où vient-elle ? Ensuite ressentez la et laissez-vous porter par cette croyance jusqu'à l'émotion négative qui lui est associée.

Concentrez-vous sur l'émotion négative associée à cette croyance, en essayant de la ressentir au maximum. Même si vous êtes mal alaise et c'est très désagréable ces sensations, maintenez cette concentration le plus longtemps possible, ne rien lâcher et poussez le plus loin possible votre ressenti.

Si vous ne fuyez pas en mettant fin à cet exercice, votre ressenti négatif augmentera de plus en plus, mais n'ayez surtout pas peur, n'abandonnez pas malgré ces émotions désagréables, jusqu'à finalement atteindre un état de calme et elles finiront par s'éteindre.

Si vous tenez bon, vous serez alors passé à travers ces émotions négatives. L'élément négatif n'aura pas été refoulé, mais transcendé.

L'extinction des pensées parasites qui créent des sentiments de peur bien connue des psychologues dits ceci : Tout sentiment, toute émotion, éprouvée suffisamment longtemps et intensément finit par s'éteindre d'elle-même.

Dans la vie de tous les jours, si souvent le négatif persiste, c'est uniquement parce que nous avons mis un terme au processus en fuyant.

La fuite nous empêché d'atteindre la phase du calme mental, de l'acceptation, de l'extinction des pensées parasites.

Nos croyances sont souvent associées à une émotion ultérieure.

Faites cet exercice une fois par jour, et pendant plusieurs jours successifs si vous sentez le besoin. Vous pouvez aussi effectuer cet exercice pendant 3 jours successives et reprendre 2 jours après. Bonus.

PURIFICATION

Face à l'est se mettre debout, les yeux fermés et mentalement, vous visualisez un rayon de lumière qui vient du ciel, cette lumière puissante vous éclaire, ensuite irradie votre corps intérieur et extérieur.

À présent mentalement dites ceci :

" Que ce rayon de lumière, on provenance du cosmique me purifie de toutes impuretés physiques où mental. Pénètre-moi, ô lumière divine, source de vie et sanctifie jusqu'au plus profond de mon être"

Vous pouvez pratiquer cette méditation de purification, le soir avant de vous coucher où le matin au réveil.

Lorsque vous vous libérez de vos peurs, votre seule présence automatiquement libère les autres.

TABLE DES MATIERES

INTRODUCTION 1

SOMAIRE 3

CHAPITRE 1 4

CHAPITRE 2 7

CHAPITRE 3 11

CHAPITRE 4 16

CHAPITRE 5 19

CHAPITRE 6 25

CHAPITRE 7 30

CHAPITRE 8 37

CHAPITRE 9 43

CHAPITRE 10 52

Printed by Books on Demand GmbH, Norderstedt / Germany